Mehr als 30 Gewürze

hat ein asiatischer Meisterkoch für seine Curries auf dem Gewürzbord stehen. Aber keine Angst, für die Currymischungen in diesem Buch kommen Sie mit viel weniger aus. Das Zerkleinern und Mischen geht mit unseren modernen Küchengeräten blitzschnell, ob im Blitzhacker, im Mixer oder in einer Kaffeemühle – die Sie dann aber nur zu diesem Zweck benutzen sollten. Sie können Ihre Curries aber auch ganz klassisch herstellen und die Gewürze im Mörser zerstampfen. Zu den Grundcurries gibt es Originalrezepte aus Indien, Thailand und Indonesien, so daß Sie Ihre Mischungen gleich für die richtigen Gerichte einsetzen können.

Buntes Gemüsecurry

Eine farbenfrohe, leicht gewürzte Gemüsekombination aus Indien.

Vegetarisch

Zutaten für 4 Personen:
300 g Blumenkohl
300 g Kartoffeln
200 g rote Paprikaschoten
200 g grüne Paprikaschoten
2 Tomaten
2 frische Chilischoten
1 Stück frischer Ingwer (etwa 3 cm)
200 g Zucchini
100 g Möhren
2 mittelgroße Zwiebeln
8 Eßl. Öl
1 1/2 Teel. Fünfgewürzmischung
(Panch Foron)
3 Teel. Curry aus Indien (Seite 18)
100 g tiefgekühlte grüne Erbsen
3 Eßl. Joghurt (3,5 %)
1 Teel. Tomatenmark
Salz
1 Teel. Garam Masala

• Vorbereitungszeit: 40 Minuten
• Garzeit: 30 Minuten

Pro Person etwa: 1205 kJ/290 kcal

1

Blumenkohl, Kartoffeln, Paprikaschoten, Tomaten und Chillies waschen und putzen. Blumenkohl in Röschen teilen. Kartoffeln schälen und würfeln, Paprikaschoten in Stücke schneiden. Tomaten vierteln, Chillies entkernen und in dünne Ringe schneiden, Ingwer schälen und fein reiben. Zucchini und Möhren schälen, Zucchini in dicke, Möhren in dünne Scheiben schneiden. Zwiebeln schälen und fein hacken.

2

Das Öl in einem Topf erhitzen. Die Fünfgewürzmischung und die Zwiebeln darin unter Rühren bei mittlerer Hitze dunkelbraun anbraten.

3

Dann Kartoffeln, Blumenkohl, Zucchini, Möhren und Chillies in den Topf geben und unter Rühren 3 Minuten anbraten. Curry, Ingwer und Tomaten unterrühren und 3–4 Minuten anbraten.

4

Paprikaschoten, Erbsen, Joghurt und Tomatenmark nach und nach unterrühren. Mit 1/2 l Wasser aufgießen und salzen. Die Gemüsemischung zugedeckt bei mittlerer Hitze in 20 Minuten weich köcheln lassen. Zwischendurch umrühren, damit das Gemüse nicht anbrennt. Vor dem Servieren mit Garam Masala bestreuen.

Dazu passen Reis oder Fladenbrot.

Rote-Linsen-Curry

Eine gehaltvolle Suppe, die am besten mit Reis serviert wird.

Spezialität aus Indien

Zutaten für 4 Personen:
200 g rote Linsen (Masoor Dal)
1 Stück frischer Ingwer (etwa 3 cm)
1 Teel. gemahlener Kurkuma
Salz
3 Eßl. Ghee (Butterschmalz, ersatz-
weise Öl)
1 Teel. Kreuzkümmelsamen
1/4 Teel. Chilipulver
1 Teel. gemahlener Koriander
3–4 Stengel frischer Koriander

• Vorbereitungszeit: 15 Minuten
• Garzeit: 20 Minuten

Pro Person etwa: 1110 kJ/265 kcal

1

Die roten Linsen mit 1 l Wasser in einem Topf zum Kochen bringen. Den Ingwer schälen, fein reiben und mit Kurkuma und reichlich Salz zu den Linsen geben. Die Linsen bei mittlerer Hitze in 10 Minuten weich kochen. Dann den Topf vom Feuer nehmen.

2

Das Ghee in einer Pfanne bei mittlerer Hitze erwärmen. Kreuzkümmel, Chilipulver und den gemahlenen Koriander darin 1 Minute unter ständigem Rühren anbraten. Die Gewürze zu den Linsen geben und gut untermischen.

3

Den frischen Koriander waschen, die Blätter abzupfen, fein hacken und kurz vor dem Servieren über die Linsen streuen.

Als Beilage paßt auch dünnes indisches Fladenbrot oder Weißbrot.

Rote Linsen sind mild im Aroma. Sie haben eine kurze Garzeit und werden beim Kochen gelblich.
Frischen Koriander bekommen Sie in fast allen asiatischen Geschäften, er kann durch Petersilie ersetzt werden.

Scharfes Pfannengemüse

Sambal Oelek gibt diesem indonesischen Curry seine Schärfe.

Gelingt leicht

Zutaten für 4 Personen:
200 g grüne Bohnen
1 kleine grüne Paprikaschote
1 kleine rote Paprikaschote
200 g Möhren
200 g Zucchini
3 mittelgroße Zwiebeln
1 Knoblauchzehe
3 Eßl. Öl
1 Teel. Garnelenpaste
1/2 Teel. gemahlener Kurkuma
1 Teel. gemahlener Koriander
2 Teel. gemahlener Kreuzkümmel
1 Teel. Sambal Oelek
Salz

• Vorbereitungszeit: 40 Minuten
• Garzeit: 20 Minuten

Pro Person etwa: 520 kJ/125 kcal

1

Die Bohnen waschen, Stielansätze und Spitzen abschneiden. Bohnen 5 Minuten in kochendem Wasser vorgaren, abtropfen lassen und in 4 cm lange Stücke schneiden. Die Paprikaschoten waschen, von Kernen, Trennwänden und Stielansatz befreien und in Streifen schneiden. Die Möhren schälen, längs halbieren und in dünne Scheiben schneiden. Die Zucchini waschen, Stiel und Blütenansätze entfernen, die Früchte längs halbieren und in dünne Scheiben schneiden.

2

Zwiebeln schälen und kleinschneiden, Knoblauch schälen und zerdrücken.

3

Das Öl in einem Wok oder in einer großen Pfanne erhitzen, Zwiebeln, Knoblauch und Garnelenpaste darin anbraten, bis die Zwiebeln weich sind.

4

Das geschnittene Gemüse untermischen und bei mittlerer Hitze 3 Minuten braten. Kurkuma, Koriander, Kreuzkümmel und Sambal Oelek hineingeben, gut umrühren und 15 Minuten bei schwacher Hitze schmoren lassen.

5

Das Gemüsecurry mit Salz abschmecken und warm servieren.

Dazu passen thailändischer Duftreis oder Nudeln.

Puten-Bambus-Curry

Ein würziges Thaicurry mit feinem Kokosgeschmack

Für Gäste

Zutaten für 4 Personen:
500 g Putenbrustfilet
400 g Bambussprossen in Scheiben (aus der Dose)
100 g Lauch
100 g Möhren
1 rote oder grüne Paprikaschote
2–3 frische Zitronenblätter
6 Eßl. Öl
2 Teel. rote Thai-Curry-Paste (Seite 19, oder Fertigmischung)
1 Eßl. Erdnußbutter
400 ml Kokosmilch (aus der Dose)
Salz

• Vorbereitungszeit: 30 Minuten
• Garzeit: 30 Minuten

Pro Person etwa: 1695 kJ/405 kcal

Anstatt Putenfleisch können Sie auch ausgelöste **Hühnerbrust** verwenden.

1

Das Putenbrustfilet in dünne Streifen schneiden. Die Bambussprossen abtropfen lassen und beiseite stellen. Den Lauch putzen, längs halbieren, waschen und schräg in 1/2 cm dünne Scheiben schneiden. Die Möhren waschen, schälen, schräg in dünne Scheiben, dann in dünne Streifen schneiden. Die Paprikaschoten waschen, halbieren, putzen und in dünne Streifen schneiden. Die Zitronenblätter waschen, trockentupfen, von der mittleren Blattrippe abtrennen und in hauchdünne Streifen schneiden.

2

4 Eßlöffel Öl in einem Topf erhitzen, das Fleisch darin kurz anbraten, herausnehmen und beiseite stellen.

3

2 Eßlöffel Öl in einem Topf erhitzen, die Currypaste darin bei mittlerer Hitze 1 Minute anrösten. Die Erdnußbutter einrühren und 1 Minute rösten, bis sie schmilzt. Die Kokosmilch und die halbe Menge Zitronenblätter einrühren und alles zugedeckt 10 Minuten bei schwacher Hitze köcheln lassen.

4

Lauch, Möhren, Bambus, Fleisch und Paprika nacheinander in die Kokosmilch geben, vorsichtig mischen und 10 Minuten köcheln lassen. Mit etwas Salz abschmecken. Mit den restlichen Zitronenblättern garnieren.

Dazu paßt thailändischer Duftreis.

Munglinsencurry

Dieses indische Curry läßt sich zu jeder Jahreszeit zubereiten.

Gelingt leicht

Zutaten für 4 Personen:
1 Zwiebel
1 Stück frischer Ingwer (etwa 3 cm)
2 Knoblauchzehen
2 Eßl. Ghee (Butterschmalz, ersatzweise Öl)
2 Teel. Curry aus Indien (Seite 18)
200 g Munglinsen (Moong Dal)
Salz
150 g tiefgekühltes Suppengemüse
1/2 Teel. Garam Masala

• Vorbereitungszeit: 15 Minuten
• Garzeit: 20 Minuten

Pro Person etwa: 1065 kJ/255 kcal

1

Die Zwiebel schälen und kleinschneiden. Den Ingwer schälen und fein reiben. Die Knoblauchzehen schälen und durch die Presse drücken.

2

Das Ghee in einem Topf erhitzen, Zwiebel, Ingwer und Knoblauch darin bei mittlerer Hitze anbraten, bis die Zwiebel goldbraun ist. Curry untermischen und unter Rühren 2 Minuten anbraten.

3

Die Munglinsen untermischen und 1 Minute anbraten. Dann mit 800 ml Wasser aufgießen und salzen.

4

Die Linsen bei halboffenem Deckel 10 Minuten bei mittlerer Hitze kochen lassen. Dann das Gemüse unterrühren und alles zugedeckt bei schwacher Hitze in 10 Minuten weich köcheln lassen. Ab und zu umrühren. Vor dem Servieren Garam Masala darüber streuen.

Dazu passen Basmatireis, indisches Fladenbrot oder Weißbrot und pikante Pickles und Chutneys.

Munglinsen sind geschälte und halbierte Mungbohnen. Sie sind leicht bekömmlich und einfach zuzubereiten.

Okras in Kokosmilch

Diese mild gebratenen Okras sind eine Spezialität aus Westindien.

Raffiniert

Zutaten für 4 Personen:
600 g Okras
2 mittelgroße Zwiebeln
2 Knoblauchzehen
4 reife Tomaten
1 Stück frischer Ingwer (etwa 3 cm)
3 Eßl. Ghee (Butterschmalz, ersatzweise Öl)
1 Teel. gemahlener Kreuzkümmel
1 Teel. gemahlener Koriander
1/2 Teel. gemahlener Kurkuma
1 Teel. Paprikapulver, edelsüß
1/4 Teel. Chilipulver
1/2 Teel. gemahlener Fenchel
Salz
400 ml Kokosmilch (aus der Dose)

• Vorbereitungszeit: 30 Minuten
• Garzeit: 25 Minuten

Pro Person etwa: 1755 kJ/420 kcal

Okras stammen ursprünglich aus Ostafrika, sind heute aber weit verbreitet und in Asien sehr beliebt. Sie bekommen sie in asiatischen, türkischen und griechischen Lebensmittelgeschäften.

1

Die Okras waschen, gut abtrocknen und Spitze und Stielansatz abschneiden. Okras in 2 cm lange Stücke schneiden. Zwiebeln und Knoblauch schälen und fein hacken. Die Tomaten waschen, die Stielansätze entfernen und das Fruchtfleisch in 2 cm kleine Stücke schneiden. Den Ingwer schälen und fein reiben.

2

Das Ghee in einer großen Pfanne bei mittlerer Temperatur erhitzen. Die Zwiebeln darin goldbraun anbraten. Knoblauch und Ingwer untermischen und unter ständigem Rühren 1 Minute anbraten.

3

Kreuzkümmel, Koriander, Kurkuma, Paprika, Chilipulver und Fenchel unterrühren und 2 Minuten rösten. Die Okras untermischen <u>und</u> alles 1 Minute unter ständigem Rühren braten.

4

Tomaten, Salz und Kokosmilch nach und nach dazugeben. Alles vermischen und zum Kochen bringen. Das Gemüse zugedeckt bei schwacher Hitze in 15 Minuten weich köcheln lassen. Bei Bedarf etwas Wasser zugießen.

Dazu passen Reis oder Fladenbrot und ein pikantes Chutney.

Gebratene Nudeln mit Gemüse

Knackiges Gemüse mit chinesischen Eiernudeln – ideal für Gäste.

Spezialität aus Indonesien

Zutaten für 4 Personen:
250 g chinesische Eiernudeln
1 mittelgroße Zwiebel
1 Knoblauchzehe
1/2 Stange Lauch
3 Möhren
1 Zucchino
4 Eßl. Erdnußöl
1/2 Teel. gemahlener Kurkuma
1 Teel. gemahlener Koriander
250 g junge Maiskolben (aus der Dose)
150 g frische Sojasprossen
2 Eßl. helle Sojasauce
Salz
1 Teel. Sambal Oelek

• Vorbereitungszeit: 30 Minuten
• Garzeit: 20 Minuten

Pro Person etwa: 1800 kJ/430 kcal

1

Die Eiernudeln in lauwarmem Wasser 30 Minuten einweichen, dann auseinanderziehen und mit kaltem Wasser abspülen. Gut abtropfen lassen und beiseite stellen.

2

Die Zwiebel schälen und klein würfeln. Die Knoblauchzehe schälen und fein hacken. Den Lauch putzen, längs aufschneiden, gründlich waschen und in 1 cm breite Ringe schneiden. Die Möhren schälen und in dünne Scheiben schneiden. Den Zucchino waschen, schälen, längs halbieren und in dünne Scheiben schneiden.

3

Das Erdnußöl in einem Topf oder Wok erhitzen. Die Zwiebel darin goldbraun anbraten. Lauch, Möhren und Zucchino dazugeben und unter ständigem Rühren 2 Minuten anbraten. Kurkuma, Koriander und Knoblauch untermischen und 1 Minute anbraten.

4

Nudeln, Maiskolben, Sojasprossen, Sojasauce, Salz und Sambal Oelek unterrühren und alles 5 Minuten schmoren lassen. Sofort servieren.

Chinesische Eiernudeln gibt es in Asienläden und Supermärkten. Sie bestehen aus Weizenmehl und Eiern, häufig Gänse- oder Enteneiern.

Curry aus Indien

Zutaten für etwa 100 g Curry:
3 Teel. Koriandersamen
4 getrocknete Chilischoten
1 Teel. schwarze Senfkörner
2 Teel. Kreuzkümmelsamen
1 Teel. schwarze Pfefferkörner
1 Teel. Bockshornkleesamen
20 getrocknete Curryblätter
2 Eßl. gemahlener Kurkuma

Alle Gewürze außer Kurkuma in einer
elektrischen Kaffeemühle fein mahlen.
Eine Alternative zur Kaffeemühle ist
der Blitzhacker, ein Mixer oder ein Mörser. Die Gewürze in eine Schüssel geben
und den Kurkuma gut untermischen.
Das Currypulver in ein lichtgeschütztes
Gefäß geben und gut verschließen.

Dieser Curry eignet sich sehr gut für die
Zubereitung von Gemüsegerichten. Er
ist als Fertigmischung unter der Be-
zeichnung Madrascurry im Asienladen
erhältlich.

Curry aus Sri Lanka

Zutaten für etwa 250 g Curry:
100 g Koriandersamen
50 g Kreuzkümmelsamen
1 Teel. Fenchelsamen
1/2 Teel. Bockshornkleesamen
1 Zimtstange • 1/2 Teel. Nelken
1/2 Teel. Kardamomsamen
1 Eßl. getrocknete Curryblätter
1 Teel. Chilipulver

Koriander, Kreuzkümmel, Fenchel und
Bockshornklee in einer kleinen Pfanne
bei mittlerer Hitze unter Rühren anrösten, bis die Gewürze braun sind.
Dann abkühlen lassen. Alle Gewürze
außer Chilipulver in einer Kaffeemühle
fein mahlen und in eine Schüssel
geben, dann Chilipulver gut untermischen. Curry in ein lichtgeschütztes
Gefäß füllen und luftdicht verschließen.

Dieser Curry eignet sich zum Würzen
von Fleisch-, Geflügel- und Fischgerich-
ten. Als Ersatz können Sie Ceylonesi-
schen Curry als Fertigmischung kaufen.

Rote Thai-Curry-Paste

Zutaten für etwa 300 g Paste:
4–6 frische rote Chilischoten (gehackt)
2 kleine Zwiebeln (gehackt)
3 Knoblauchzehen (ausgepreßt)
2 frische Zitronenblätter (kleinge-
schnitten)
1 Stengel Zitronengras (fein gehackt)
1 Teel. gemahlener schwarzer Pfeffer
2 Teel. gemahlener Kreuzkümmel
1 Teel. gemahlener Koriander
3 Eßl. Paprikapulver, edelsüß
2 Eßl. frische Korianderblätter
1 Teel. gemahlener Ingwer
2 Teel. Garnelenpaste
1 Teel. Salz • 6 Eßl. Öl

Alle Zutaten mit 3 Eßlöffeln Wasser im
Mixer fein pürieren. In einem ver-
schließbaren Glas hält sich die Paste
1–2 Wochen im Kühlschrank. Sie eignet
sich vor allem für Wokgerichte mit
Nudeln oder Gemüse und ist im Asienladen auch als Fertigprodukt erhältlich.

Pikante Gewürzpaste

Zutaten für etwa 350 g Paste:
4 große Zwiebeln
1 Stück frischer Ingwer (etwa 6 cm)
5 Tomaten
4 frische Chilischoten
6 Eßl. Weißweinessig

Die Zwiebeln schälen und in Würfel
schneiden. Den Ingwer und den Knoblauch schälen und kleinhacken. Die
Tomaten und die Chillies waschen, die
Stielansätze entfernen. Die Tomaten
vierteln. Alle Zutaten in einem Mixer zu
einer feinen Paste pürieren. In ein ver-
schließbares Gefäß füllen und kühl auf-
bewahren. Die Paste hält sich etwa
3 Wochen im Kühlschrank.

Die Gewürzpaste eignet sich gut für die
Zubereitung verschiedener Fleisch- und
Gemüsegerichte. Als Ersatz können Sie
Rogan-Josh-Paste im Asienladen kau-
fen.

Huhn in Mandelsauce

Das indische Hühnercurry ist fein mit Mandeln abgeschmeckt.

Spezialität aus Kaschmir

Zutaten für 4 Personen:
800 g Hühnerbrustfilet (oder Puten-brustfilet)
6 Zwiebeln
4 Knoblauchzehen
1 Stück frischer Ingwer (etwa 3 cm)
3 Tomaten
3 Eßl. Ghee (Butterschmalz, ersatz-weise Öl)
4 Nelken • 4 Zimtrinden (5 cm lang)
6 grüne Kardamomkapseln
1 1/2 Teel. gemahlener Kreuzkümmel
1/2 Teel. gemahlener Koriander
1 Teel. gemahlener Kurkuma
1/4 Teel. Chilipulver
Salz
3 Eßl. gemahlene, gehäutete Mandeln
1 Eßl. Korianderblätter
2 Eßl. Mandelblättchen

• Zubereitungszeit: 30 Minuten
• Garzeit: 30 Minuten

Pro Person etwa: 1695 kJ/405 kcal

Das Curry wird milder im Aroma, wenn Sie mit den gemahlenen Mandeln zu-sätzlich 3 Eßlöffel gemahlene **Cashew-kerne** dazugeben.

1

Das Hühnerbrustfilet in 1,5 cm dicke Streifen schneiden. Zwiebeln schälen, halbieren und in dünne Scheiben schneiden. Knoblauch schälen und durch die Presse drücken, Ingwer schälen und fein reiben. Die Tomaten waschen, die Stielansätze entfernen und das Fruchtfleisch fein würfeln.

2

Das Ghee in einem Topf bei mittlerer Temperatur erhitzen. Die Zwiebeln darin in 10 Minuten dunkelbraun schmoren. Dabei ständig rühren, damit sie gleichmäßig angebraten werden. Knoblauch und Ingwer untermischen und 1 Minute anrösten. Dann Nelken, Zimtrinde und Kardamomkapseln dazu-geben und 1 Minute mitbraten.

3

Hähnchenteile einlegen und unter stän-digem Rühren 2 Minuten mitbraten. Kreuzkümmel, Koriander, Kurkuma, Chilipulver und Salz gut unterrühren.

4

Tomaten, gemahlene Mandeln und 1/4 l heißes Wasser nach und nach dazuge-ben, umrühren und alles zum Kochen bringen. Dann bei schwacher Hitze 15 Minuten zugedeckt köcheln lassen, bis das Fleisch weich ist. Dabei ab und zu umrühren.

5

Kurz vor dem Servieren mit den Korian-derblättern und den Mandelblättchen garnieren.

Lammfleischtopf

Ein aromatisches Curry, mit der Vielfalt indischer Gewürze zubereitet.

Etwas aufwendiger

Zutaten für 4 Personen:
800 g Lammfleisch ohne Knochen (Schulter oder Keule)
5 Eßl. Öl
4 grüne Kardamomkapseln
5 Nelken
3 Lorbeerblätter
8 schwarze Pfefferkörner
4 Zimtrinden (3 cm lang)
5 Eßl. Gewürzpaste (Seite 19)
4 Teel. Paprikapulver, edelsüß
1/4–1/2 Teel. Chilipulver
1 Teel. gemahlener Kurkuma
2 Teel. gemahlener Kreuzkümmel
6 Eßl. Joghurt (3,5 %)
1 Eßl. Tomatenmark
1 Eßl. Bockshornkleeblätter (Kasuri Methi)
Salz
1/2 Teel. Garam Masala

- Zubereitungszeit: 40 Minuten
- Garzeit: 50 Minuten

Pro Person etwa: 2445 kJ/585 kcal

1

Das Fleisch von Fett und Sehnen befreien und in 2 cm große Würfel schneiden.

2

Das Öl in einem Topf erhitzen. Das Fleisch nach und nach kräftig darin anbraten und auf einem Teller beiseite stellen.

3

Kardamom, Nelken, Lorbeerblätter, Pfeffer und Zimt in das Öl geben und kurz anbraten.

4

Die Gewürzpaste hinzufügen und 1 Minute anbraten, dabei ständig rühren. Dann Paprikapulver, Chilipulver, Kurkuma und Kreuzkümmel unterrühren und 1 Minute mitbraten. Joghurt, Tomatenmark und Bockshornkleeblätter dazugeben und unter ständigem Rühren 1 Minute anbraten.

5

Das Fleisch wieder in den Topf geben, salzen und alles gut vermischen. Mit 300 ml Wasser aufgießen und bei mittlerer Hitze zum Kochen bringen. Das Fleisch zugedeckt bei schwacher Hitze 40 Minuten garen. Zwischendurch umrühren, damit das Fleisch nicht anbrennt. Zum Schluß Garam Masala darüber streuen.

Dazu passen Basmatireis, Papadams (Linsenfladen) aus dem Asienladen und pikant-würzige Pickles.

Indisches Fischcurry

Mildes Fischfilet, scharf-aromatisch gewürzt mit Chillies und Ingwer.

Gelingt leicht

Zutaten für 4 Personen:
600 g Fischfilet (z.B. Lachsforelle, Kabeljau, Goldbarsch, Seelachs)
Salz
1 1/2 Teel. gemahlener Kurkuma
3 Zwiebeln
2 Knoblauchzehen
1 Stück frischer Ingwer (etwa 1 1/2 cm)
3 Tomaten
2 frische Chilischoten
3 Eßl. Öl
2 Lorbeerblätter
1/2 Teel. gemahlener Kreuzkümmel
2 Eßl. Joghurt (3,5 %)
1 Teel. Garam Masala

• Zubereitungszeit: 30 Minuten
• Garzeit: 20 Minuten

Pro Person etwa: 920 kJ/220 kcal

In dieses Curry passen auch Kartoffeln. 3 mittelgroße **Kartoffeln** schälen und in dünne Scheiben schneiden. Mit den geviertelten Tomaten untermischen, alles 5 Minuten köcheln lassen, dann den Fisch einlegen.

 1

Den Fisch waschen, trockentupfen und in 6 cm große Stücke schneiden. Die Fischstücke mit 1/2 Teelöffel Salz und 1/2 Teelöffel Kurkuma bestreuen und auf einem Teller beiseite stellen.

2

Zwiebeln und Knoblauch schälen und fein hacken. Ingwer schälen und fein reiben. Tomaten und Chilischoten waschen und die Stielansätze entfernen. Die Tomaten vierteln und die Chillies einritzen.

 3

In einem breiten Topf das Öl erhitzen, Lorbeerblätter bei mittlerer Hitze kurz darin anbraten. Dann die Zwiebeln dazugeben und dunkelbraun anbraten. Nach und nach unter ständigem Rühren Ingwer, Knoblauch, Chilischoten, 1 Teelöffel Kurkuma und Kreuzkümmel dazugeben und 2 Minuten mitbraten. Tomaten und Joghurt gut untermischen, mit 150 ml Wasser aufgießen und alles zum Kochen bringen.

4

Wenn die Sauce zu kochen beginnt, die Hitze reduzieren, salzen und die Fischstücke vorsichtig einlegen. Den Fisch gut mit Sauce bedecken. Zugedeckt bei schwacher Hitze 10 Minuten garen.

5

Die Fischstücke vorsichtig wenden, damit sie nicht brechen. Kurz vor dem Servieren mit Garam Masala bestreuen.

Garnelencurry

Kokosmilch mildert die Schärfe der sämigen Erdnußsauce.

Spezialität aus Indonesien

Zutaten für 4 Personen:
800 g gegarte und geschälte Tiefseegarnelen
4 Eßl. Kokosöl
3 Eßl. Erdnußbutter
2 Eßl. Garnelenpaste
1 Teel. Sambal Oelek
165 ml Kokosmilch (aus der Dose)
2 Eßl. süße Sojasauce (Kecap Manis)
Salz
3 Eßl. Limettensaft (oder Zitronensaft)

• Vorbereitungszeit: 20 Minuten
• Garzeit: 20 Minuten

Pro Person etwa: 1905 kJ/455 kcal

 1

Tiefgekühlte Garnelen bei Zimmertemperatur auftauen lassen.

2

3 Eßlöffel Kokosöl in einer Pfanne erhitzen, die Erdnußbutter darin schmelzen lassen. Garnelenpaste dazugeben und 1 Minute bei mittlerer Hitze anbraten. Sambal Oelek, Kokosmilch, süße Sojasauce und Salz dazugeben. Alles gut vermischen und zum Kochen bringen.

3

Die Garnelen einlegen und bei schwacher Hitze zugedeckt 10 Minuten schmoren lassen.

4

Kurz vor dem Servieren mit dem Limettensaft und 1 Eßlöffel Kokosöl beträufeln.

Dazu passen thailändischer Duftreis oder Nudeln.

Kokosöl erstarrt bei Zimmertemperatur. Stellen Sie den Behälter zum Verflüssigen in lauwarmes Wasser.

Rindfleischcurry

Rindfleisch exotisch gewürzt mit selbst-
gemischtem Currypulver.

Braucht etwas Zeit

Zutaten für 4 Personen:
800 g Rindfleisch
1 große Zwiebel
3 Knoblauchzehen
1 Stück frischer Ingwer (etwa 3 cm)
3 Tomaten
1 frische Chilischote
3 Eßl. Öl
2 Eßl. Curry aus Sri Lanka (Seite 18)
1 Teel. gemahlener Kurkuma
1 1/2 Teel. schwarze Senfkörner
Salz
1 Eßl. Essig

• Vorbereitungszeit: 30 Minuten
• Garzeit: 1 1/2 Stunden

Pro Person etwa: 2300 kJ/550 kcal

Chillies können aufgrund ihrer Schärfe
zu Reizungen führen. Deshalb bei der
Verarbeitung von Chilischoten Gummi-
handschuhe tragen oder anschließend
die Hände waschen. Chilipulver beim
Würzen nicht in die Augen bringen.

1

Das Fleisch in 4 cm lange und 1/2 cm
breite Streifen schneiden. Die Zwiebel
und den Knoblauch schälen und fein
hacken. Den Ingwer schälen und fein
reiben. Die Tomaten und die Chilischote
waschen und die Stielansätze entfernen. Die Tomaten vierteln, die Chilischote in 3–4 Stücke teilen.

2

In einer Pfanne das Öl erhitzen, Zwiebel, Knoblauch und Ingwer darin anbraten, bis alles leicht gelblich ist. Curry,
Kurkuma und Senfkörner untermischen
und bei schwacher Hitze 2 Minuten
anrösten.

3

Salz und Essig unterrühren. Das Fleisch
einlegen und unter ständigem Rühren
anbraten, bis es mit den Gewürzen
überzogen ist.

4

Tomaten und Chillie untermischen und
alles bei schwacher Hitze 1 1/2 Stunden
zugedeckt schmoren lassen.

Dazu paßt weißer Reis.

Hähnchencurry

Ein in ganz Indien beliebtes, leicht scharf gewürztes Curry.

Berühmtes Rezept

Zutaten für 4 Personen:
1 frisches Hähnchen, küchenfertig vorbereitet (etwa 1 kg)
300 g Kartoffeln
4 Eßl. Öl
1 Zimtrinde (6 cm)
2 grüne Kardamomkapseln
2 Nelken
2 Lorbeerblätter
6 Eßl. Gewürzpaste (Seite 19)
1/4 Teel. Chilipulver
1 Teel. gemahlener Kreuzkümmel
1 Teel. gemahlener Koriander
1 Teel. gemahlener Kurkuma
2 Teel. Tomatenmark
Salz
1 1/2 Eßl. Bockshornkleeblätter (Kasari Methi)
2 Teel. Garam Masala

Pro Person etwa: 1985 kJ/475 kcal

• Zubereitungszeit: 30 Minuten
• Garzeit: 35 Minuten

1

Das Huhn innen und außen waschen, häuten und in servierfertige Portionen schneiden. Die Kartoffeln waschen, schälen und in mittelgroße Würfel schneiden.

2

Das Öl in einem großen Topf bei mittlerer Temperatur erhitzen. Zimtrinde, Kardamom, Nelken und Lorbeerblätter darin 1 Minute braten. Gewürzpaste und gemahlene Gewürze, außer Garam Masala, dazugeben, alles gut vermischen und 2 Minuten anbraten.

3

Das Hähnchenfleisch und das Tomatenmark in den Topf geben und 5 Minuten unter Rühren anbraten. Mit 1/2 l Wasser aufgießen, salzen und die Bockshornkleeblätter untermischen.

4

Alles zum Kochen bringen, dabei die Hähnchenteile wenden, damit sie gleichmäßig mit der Sauce überzogen werden. Nach 10 Minuten die Kartoffeln dazugeben und bei schwacher Hitze 15 Minuten köcheln lassen, bis das Fleisch weich ist. Zwischendurch umrühren. Kurz vor dem Servieren Garam Masala darüber streuen.

Mit Basmatireis, Pickles oder Chutneys servieren. Auch Papadams (Linsenfladen) oder Fladenbrot passen dazu.

Fisch mit Tamarinde

Eine Fischspezialität aus Sri Lanka, mit Tamarinde gewürzt.

Gelingt leicht

Zutaten für 4 Personen:
600 g Fischfilet (z. B. Kabeljau, Scholle, Seelachs, Rotbarsch)
2 Zwiebeln
3 Knoblauchzehen
1 Eßl. Tamarindenpaste
2 Teel. Curry aus Sri Lanka (Seite 18)
Salz
1/2 Teel. gemahlener Kurkuma
4 Eßl. Öl
1/4 Teel. Bockshornkleesamen (Methi)
10 frische oder getrocknete Curryblätter (nach Belieben)

• Zubereitungszeit: 30 Minuten
• Garzeit: 20 Minuten

Pro Person etwa: 920 kJ/220 kcal

1

Den Fisch waschen, trockentupfen und in nicht zu kleine Stücke schneiden. Zwiebeln und Knoblauch schälen und fein hacken.

2

Die Tamarindenpaste in 1/8 l warmem Wasser auflösen. Curry, Salz und Kurkuma dazugeben und alles gut vermischen. Den Fisch einlegen und etwa 15 Minuten marinieren.

3

In einer Pfanne das Öl erhitzen, die Bockshornkleesamen kurz darin rösten. Zwiebeln und Knoblauch untermischen und bei mittlerer Hitze braten, bis die Zwiebeln goldbraun sind.

4

Den Fisch mit der Marinade dazugeben und offen bei schwacher Hitze 15 Minuten ziehen lassen. Kurz vor dem Servieren nach Belieben mit Curryblättern bestreuen.

Mit Basmatireis servieren.

Tamarinde gibt dem Gericht einen leicht säuerlichen Geschmack. Sie ist in Asienläden als Paste oder gepreßtes Päckchen erhältlich.

Die Originalzutaten

Asienläden bieten die Originalzutaten für die verschiedenen Currygerichte. Vieles gibt es auch in gut sortierten Supermärkten zu kaufen.

Bockshornklee
Man verwendet die hellbraunen Samen (Methi), aber auch die grünen Blätter (Kasari Methi).

Chilischoten (7)
gibt es frisch, getrocknet und als Pulver. Sie sind sehr scharf!

Curryblätter (5)
aus Südindien werden meist getrocknet, aber auch frisch angeboten.

Fünfgewürzmischung (4)
Die indische Variante heißt Panch Foron und besteht aus Bockshornklee-, Fenchel-, Kreuzkümmel- und Zwiebelsamen sowie aus schwarzen Senfkörnern. Sie wird in Öl angebraten und zu vielen Gemüsecurries und Chutneys gegeben. Nicht mit der chinesischen Fünfgewürzmischung zu verwechseln!

Garam Masala
Diese Mischung aus gerösteten und gemahlenen Gewürzen wird erst am Ende der Kochzeit beigegeben.

Garnelenpaste
besteht aus getrockneten und gemahlenen Shrimps, Öl und Gewürzen.

Ghee
Indisches Butterschmalz, das durch normales Butterschmalz oder Öl ersetzt werden kann.

Grüner Kardamom
Im Handel werden die grünen Kapseln, die ausgelösten Samen und das feingemahlene Pulver angeboten.

Ingwer
Die scharf-aromatische Wurzel wird frisch oder getrocknet als Pulver verwendet.

Koriander
In Asien werden nicht nur die Samen, sondern auch die Stengel, Wurzeln und Blätter verwendet.

Kreuzkümmel/Cumin
wird in fast allen indischen Speisen verwendet. Er wirkt verdauungsfördernd.

Kurkuma/Gelbwurz (1)
ist von kräftig gelber Farbe und ein wichtiger Bestandteil des Currypulvers.

Nelken (6)
sind getrocknete Blütenknospen.

Paprikapulver
Indisches Paprikapulver ist relativ mild.

Sambal Oelek
Scharfe Chilipaste aus Indonesien.

Schwarze Senfkörner
Schwarzer Senf ist wesentlich schärfer als gelber.

Sojasauce
Es gibt helle und dunkle Sojasauce, sowie eine süße, indonesische Art.

Zimt
Zimtrinde wird in Stücken von 5–10 cm Länge angeboten. Ihr Aroma ist intensiver als das von Zimtstangen.

Zitronenblätter (2)
geben in Thaigerichten ein charakteristisches Aroma.

Zitronengras (3)
Die scharfkantigen Halme haben ein zitronenähnliches Aroma.

Zwiebelsamen
sind kleine, tropfenförmige schwarze Samen.